MA RETRAITE

DU

CHATIMENT

SUIVIE DES

DERNIÈRES PRÉDICTIONS

DE LA

VOYANTE DE FONTET

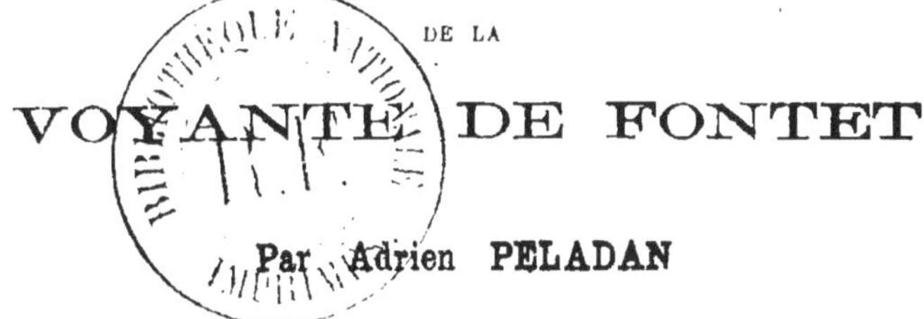

Par Adrien PELADAN

Prix : **10** *cent.*

NIMES

CHEZ LES LIBRAIRES

—

1874

MA RETRAITE DU *CHATIMENT*

Vendredi 6 novembre, sur les 7 heures du soir, du cercle Central au cercle Peloux, de la Préfecture à la place de la Cathédrale, de l'Enclos-Rey au chemin de Montpellier, une nouvelle se répandait avec une incroyable rapidité, stupéfiant les uns, comblant les autres de joie. Que s'était-il passé? Un fait, simple en lui-même, prenait les proportions d'un événement. Sans désir comme sans regret, et pour ne pas rompre l'harmonie qui m'unit aux sentiments de la vraie population légitimiste de Nimes, je venais de résigner la rédaction du *Châtiment*.

Le journal, déjà sous presse pour le lendemain, allait, cette fois plus que d'habitude, éclater dans ses rigueurs sur la tête des cocardiers. Bien qu'il annonçât la continuation indéfinie de la lutte qui a mis la cocarderie sur les dents, il semblait qu'une intuition prophétique eut dirigé ma plume dans cette suprême rédaction : c'était bien, somme toute, un numéro d'adieu, chargé de solennelles imprécations et de saintes colères contre une coterie tarée et des trames occultes ourdies longtemps contre le *Châtiment*, trames qui atteignaient enfin, par un choc inopiné, le but tant souhaité.

Le jour suivant, les cocardiers avaient des figures épanouies ; ils s'abordaient en échangeant avec cent modifications de formes, des expressions comme celles-ci : « Nous serons peut-être délivrés de ce traqueur éternel qui ne laissait à nos anxiétés ni paix ni cesse ! L'atrabilaire censeur aura sans doute mis fin à l'acuité de ses reproches, à cette virulente agression, qui étreignait comme un crampon d'acier ? Toujours est-il que la feuille contre nous dirigée est dépourvue du souffle véhément qui l'animait, et que nous pouvons calculer le jour de ses funérailles : il y aurait trop de déraison à le méconnaître : Le *Châtiment*, c'était son rédacteur en chef. »

C'est ainsi que les cocardiers se réjouissaient d'une rupture qui les délivrait des atteintes d'une polémique vengeresse. Nul doute qu'ils n'attendent avec émotion, les pages que je fais paraître aujourd'hui, et dans lesquelles ils sont sans ambages placés en face d'eux-mêmes.

Hommes d'entre-deux, les cocardiers trouvent aisément des accommodements avec le Ciel ; ne croyant pas aux solides convictions, ils avaient reconnu avec effroi dans ma discussion, une volonté de nature à résister à la défection, à défier la perversité. La foi agissante et que nul obstacle n'abat, se dresse comme une menace perpétuelle ; c'est le pic fièrement élancé sur les bords de l'Océan, au pied duquel déferlent, sans l'ébranler, les vagues en courroux. Protestation apostolique basée sur la crainte de Dieu, cette parole humble et foudroyante à la fois, résonne comme un écho, bien qu'affaibli, des voyants de Juda ; elle choisit la persécution plutôt qu'un lâche silence, la mort même plutôt qu'un repos déshonorant. J'ai compris, en coupant court à des tiraillements préconçus, que c'était le moment de se taire, et que la parole est désormais à Dieu.

Les délicats s'effaroucheront peut-être d'une humilité entourée de tant de prestiges ? J'ai trente-cinq ans de bons combats pour toutes les causes sacrées : ces longs services constituent le droit que j'ai d'opposer mon apologie à de ténébreuses attaques, à de cyniques oppositions. Ici, du reste, l'homme disparaît, pour ne laisser paraître que le royaliste et le chrétien. Si j'ai mal parlé, au plus hardi de se lever et de me confondre.

Celui-ci est marqué pour y consigner, sans exagération comme sans réticence, les circonstances dans lesquelles j'ai délaissé la direction du *Châtiment*. Cette explication est nécessaire pour répondre à de déloyales insinuations qui ont circulé. Maître de l'idée dans le journal, j'en avais toujours laissé à M. Adolphe Pieyre la propriété matérielle. Celui-ci, en vertu de ce titre, avait plus d'une fois essayé de peser sur la rédaction ; il avait été par moi supporté patiemment, mais sans concession. Depuis longtemps, la cocarderie, qui voulait à tout prix, détruire le *Châtiment*, avait épuisé les tentatives et s'était finalement arrêté à l'idée de provoquer une scission entre M. Pieyre et moi, en faisant influencer le premier.

M. Pieyre m'a avoué vingt fois qu'il était assailli, obsédé continuellement pour qu'il se déterminât à consommer cette rupture. A l'occasion des élections municipales, l'objet poursuivi paraît avoir été atteint. La vérité est que dans ma maison où je donnais asile au journal, de même que je le rédigeais gratuitement, M. Pieyre s'est livré, à plusieurs reprises, à des violences de paroles. Le 6 octobre au soir, il se trouva dans ma salle à manger, fortuitement ou non, en même temps que M. Alfred de Surville et M. Jules de Bernis. A propos de la liste municipale proposée par la réunion ouvrière, il renia cette liste, l'invectiva, se répandant en grossières injures surtout contre mon fils. Il lui fut répondu de manière à le clouer sur place ; le journal lui fut littéralement jeté à la figure, et la porte fut ouverte devant lui. Voilà les faits. M. de Bernis, qui en sait long sur tout ce qui se passe, et qui a été témoin de ce que je viens de signaler, a dit depuis : « qu'en effet le *Châtiment* avait été fièrement laissé à son propriétaire matériel, mais que celui-ci avait déjà promis de l'arracher sans retard à M. Peladan. » On a lu le numéro de dimanche dernier, avec ses déclarations et ses invectives. Le public prononcera.

Que mes yeux se ferment à la lumière, m'écrierai-je hardiment ici ; que ma langue se dessèche plutôt que de refuser un seul jour de ma vie au catholicisme et à la monarchie traditionnelle auxquels je suis attaché du fond de mes entrailles. Les cocardiers n'ont donc pas lieu de se tant applaudir de ce que j'ai rejeté le *Châtiment*, deux ans cause de leurs mauvaises nuits. Je serai toujours au besoin, sur leur passage, pour continuer à glorifier les généralités de la saine doctrine, aussi bien que pour arracher les masques dont se couvre leur hypocrisie. S'il en est, au premier comme au second plan, qui persistent à dresser leurs piéges dans l'ombre, et à mordre d'une dent venimeuse, ils seront prévenus que je n'hésiterai pas à clouer au pilori de mes justices *bourgadières*, leur superbe de mauvais aloi, et l'ambition dont ils sont dévorés. Il existe des mystères d'iniquité, des compromis ténébreux, de hautes comédies jouées pour tromper la population catholique. Je connais ces énormités, et si on m'y oblige, je les révèlerai.

Les élections municipales ayant précipité l'explosion où devait se consommer ma retraite du *Châtiment*, quoi de plus naturel pour moi que d'aborder cette question devenue brûlante. Un spirituel cocardier, en un moment d'expansion, a laissé echapper cet aveu capital : « La population ouvrière catholique de Nimes à des opinions enflammées ; elle impose ses préférences, mais il y a tant de droiture dans ses impérieux instincts, qu'en en subissant l'empire, il n'y a pas à craindre de s'égarer. » L'expérience m'a prouvé l'exactitude de cette affirmation. La démonstration en a été éclatante surtout en 1848 et en 1851, lorsque de concert avec l'*Etoile du Midi*, que je dirigeais, nos travailleurs légitimistes, en haine de la factieuse rue de Poitiers, revendiquaient bon gré malgré, les glorieuses candidatures de M. de Genoude d'abord, de M. de Lourdoueix ensuite. L'initiative prise actuellement par nos amis, n'est que le généreux renouvellement de leur attitude d'il y a 25 ans : alors comme en ce moment ils réprouvaient le doctrinarisme qui a produit nos récents désastres et qui nous précipite une fois de plus aux abîmes. On me voue aux esprits infernaux, parce que je seconde ces louables dispositions, tandis que mon éternel honneur sera de ne m'en être jamais séparé. Si dans ce patriotique concours, mon désintéressement est absolu, où est celui qui en plein soleil m'imputera à crime. Si dans l'appui même que j'ai accordé à des vœux austères et justifiés, j'ai concouru à conjurer le fléau de l'abstention, que deviennent tant de récriminations indécentes ?

Les burgraves de 1848 aussi bien que leurs successeurs les cocardiers, n'ont négligé aucune perfidie pour me rendre odieux auprès de la partie crédule de nos honnêtes artisans : sourdes calomnies, tortueuses insinuations, allégations méchantes, fiévreuses déclamations, mensonges calculés, rien n'a été oublié dans la rage de ces stratagèmes. Des faméliques, des déclassés, des absorbeurs de bocks, des fruits secs de tous les acabits, ont, l'une et l'autre fois, composé la meute des aboyeurs. D'autres, coupables seulement d'être de naïfs gobe-mouches, ont aussi été les colporteurs inconscients de la fourbe et de l'imposture. Mais l'artisan réfléchi, ami de sa demeure et des traditions qu'il chérit, celui-là n'a pas soupçonné le défenseur de ses croyances, l'écrivain catholique et royaliste que nulle épreuve n'a été capable de détourner de sa voie ; que l'appât des places et des riches subventions n'a pu réussir à tenter. Combien je préfère aux ivresses enviées des cocardiers, la franche poignée de main d'un homme du peuple non abusé ; sa félicitation sans fard sur la ligne droite que je me plais à tenir. Ces sympathies non étudiées, inspirées par la bonne foi, m'ont souvent touché jusqu'aux larmes, et j'ai véritablement éprouvé alors le bonheur qu'il y a de se dévouer pour le bien seul. J'ai vu la vertu assise au foyer des humbles, et là j'ai sollicité de cette fille du Ciel l'énergie indispensable à la rude tâche que je poursuis. Quel est donc ce publiciste isolé des puissants, qui tient les influences en haleine, qui domine les oppositions et les cabales ? De l'aveu de ses plus acharnés adversaires, force leur est de compter avec sa polémique. Le *Chatiment*, ayant cessé d'être sa tribune, il est aisé de constater les regrets provoqués par les accents vibrants encore des remontrances de ce jourrnal aujourd'hui passé à l'ennemi.

Où devais-je donc me trouver, à l'approche des élections municipales, qui à Nimes ont une véritable portée re igieuse et politique, si ce n'est au milieu de ces cœurs qui battent si noblement bien que sous des vêtements grossiers? Là survit sans altération la fidélité légitimiste. Or, Nimes est la dernière ville de France où cette foi héréditaire se maintienne telle qu'en un sanctuaire, l'auguste brasier des autels. Nos autres cités, plus ou moins dominées par les passions anarchiques, viendront, quand sonnera l'heure de la réhabilitation, redemander à ce foyer, l'élément purificateur, destiné à prendre la place des envahissements révolutionnaires. Tous nos efforts doivent être tournés à sauver Nimes de la contagion, pour sauver la France elle-même. Comprenez-vous maintenant pourquoi notre population blanche se déclare pour un Conseil municipal légitimiste, à l'exclusion des cocardiers? Ne vous expliquerez-vous pas que la meilleure part soit celle de marcher avec les fervents dont la volonté se prononce hautement pour une édilité qui soit fermement catholique avec le Pape et royaliste avec le Roi ?

Obéissant à la conscience qui l'avait spontanément formée une délégation ouvrière de tous les quartiers de Nimes, a indiqué trente-quatre noms parmi les citoyens les plus honorables, trente-quatre membres composant le Conseil de la cité. Ce choix a été proposé aux Comités spéciaux. Personne n'était imposé, mais il y avait cette condition que les noms éliminés seraient remplacés par d'autres représentant les mêmes principes religieux et politiques. Quoi de plus raisonnable ! quoi de plus sage!

Et cependant des cris forcenés ont été jetés par les divers groupes de cocardiers : c'était la division entre catholiques, c'était l'avènement des protestants, c'était le triomphe des rouges Le directeur du *Châtiment* qui ne désavouait pas des sentiments louables, était coupable de tous ces méfaits; il était stipendié par les radicaux : on eut dit une scie montée à vous étourdir ; vous n'entendiez au loin que ce dialogue entre la sagesse des légitimistes purs et l'effervescence des cocardiers :

— Il est indispensable que le Conseil municipal soit légitimiste.

— Vous divisez, criait-on en réponse à tue-tête.

— Nous empêcherons que les cocardiers livrent la mairie à M. Baragnon.

— Vous avez juré de faire arriver nos ennemis, c'est abominable !

— Le découragement est déjà si grand : des habiles, des intéressés, des convictions équivoques ont, depuis bien des années, sauf dans le Conseil sortant, siégé tour à tour à l'Hôtel-de-Ville. Le mécontentement est profond, des ébranlements sont peut-être prochains; il est indispensable d'assurer l'avenir, et le seul moyen de réussir, c'est de s'affirmer dans le sens de l'orthodoxie royaliste ; toute négation enfante des catastrophes.

— Vous êtes des rêveurs, des intransigeants, des perturbateurs ; ne suffit-il pas que nous nommions des catholiques, n'importe leurs attaches politiques et leur d'apeau?

— Les élections municipales ne font que précéder les élections pour la représentation nationale ; celles-ci sont peut-être très-prochaines; elles seront ce qu'auront été celles-là ; voulez-vous devenir la proie des doctrinaires, en attendant leurs fils les communards?

— Il s'agit bien de cela, prophètes de malheurs; vous ne voyez que des points noirs, vous entravez l'action des Comités, vous dérangez tout, vous troublez tout !

— Avez-vous, du moins, lu attentivement la liste que nous avons soumise au libre jugement des Comités dont nous respectons les opérations ?

— Mais oui, mais non.... A quoi bon ? il est inutile de se hâter ; les Comités sont souverains.

— Après tout, nous ne serons probablement en dissidence que sur très-peu de noms, trois ou quatre?

— Ah ! des exclusions ! voilà ! Cela est désolant; de tout temps les ardents ont tout perdu.

La patience de nos amis poussée à bout, il a été répondu à la logomachie des doctrinaires : « Le scrutin dépend de nous;

» **voici** notre dernier mot : Tout, excepté les pires des révolu-
» tionnaires, c'est-à-dire les cocardiers. »

La déclaration était hardie, elle a soudain coupé court aux criailleries, et le tintamarre d'objections délirantes s'est enfin calmé. Depuis, les Comités ont arrêté et les listes des paroisses, et la liste totale. Cette liste est bonne dans l'ensemble. Allons voter en masse dimanche et que personne ne s'abstienne.

Au milieu de ce conflit est survenu mon abandon du *Châtiment* dont l'action avait enrayé les progrès de l'Union républicaine *catholique*, composée de coupables transfuges de ce droit national qui fut si beau de 1848 à 1852. D'autre part, la ferme allure de cet organe de publicité, avait arrêté le dégoût qui décimait chaque jour les rangs légitimistes. L'oracle est devenu muet, mais les cocardiers se frapperont un jour la poitrine à l'aspect des ruines que leurs erreurs auront fait amonceler.

Si le *Châtiment* a été rejeté par moi pour des raisons sommairement signalées, je ne saurais oublier qu'il m'est échu certains devoirs relatifs à la situation de notre parti dans le département. Je ne reculerai pas dans leur accomplissement pénible, et j'exposerai la vérité entière.

La direction est inactive, elle est comme si elle n'était pas. C'est un arbre stérile. Les classes supérieures sont alourdies, elles sont la proie d'aspirations mesquines et de vulgaires intérêts. Elles exilent Dieu des conseils qui régissent les nations, et assimilent le gouvernement des hommes, sans fin soumis aux desseins de la Providence, aux combinaisons étroites d'un calcul commercial, de transactions sur des produits naturels ou manufacturés. Ces errements, aggravés par une longue habitude portent en eux la mort. Entre le département et le chef-lieu, il n'est pas de rapport suivi ; tout est livré à une incurie sans nom ; tout se désagrège, tout s'en va, et les directeurs se conduisent comme si tout se trouvait pour le mieux dans le meilleur des mondes possibles. Loin de réchauffer le courage expirant, loin de rapprocher les volontés qui mollissent, aucun stimulant ne s'exerce, aucune vitalité n'est entretenue ; l'unité se perd, la division se propage, l'anéantissement s'opère sous l'action destructive de l'isolement et du temps perdu. C'est au point que le Gard, digne autrefois d'être nommé le département par excellence du Roi, et le roi des départements, se trouve, faute de direction, tellement paralysé dans ses ressources royalistes, que les violents du radicalisme se promettent de l'emporter sur toute la ligne aux prochaines élections parlementaires. Cette situation est essentiellement l'œuvre des cocardiers, et des chefs qui, chargés de les combattre, les ont tièdement repoussés, pour faire bientôt ménage avec eux. Lors donc que la population blanche de Nimes proteste contre un pareil état de choses, elle se montre pleine de prudence et de haute raison.

Ne calomniez pas le suffrage universel, messieurs du patriciat et de la b urgeoisie ; si ce mode de votation est devenu perfide comme l'onde et s'il en a la mobilité, c'est que vous n'avez pas su le diriger : lorsque les classes éclairées flottent à tout vent de doctrine, s'étonnera-t-on que le peuple prenne le vertige ? Un troupeau exige des pasteurs ; les nations réclament des guides. Toujours un Moïse préside au passage de la mer qui barrait le chemin ; toujours un Josué ouvre les portes d'une terre promise. Cette comparaison signifie que l'oubli des principes éternels et leur non applicatoin par les notables, ouvre sous les pas des générations qui passent des précipices sans fond.

De quelque manière que nous interrogions autour de nous les hommes et les choses, nous ne voyons que la nuit, nous n'entendons que le silence. Est-ce que ceux de nos députés, qui se défendent encore d'être cocardiers, ne devaient pas, pendant les vacances de l'Assemblée, écrire une lettre à leurs électeurs pour leur jurer qu'ils seraient désormais un mur d'airain contre les entreprises des ducs tricolores et francs-maçons ?

Que M. Numa Baragnon, après son parjure et son inféodation à la cocarderie, ait trouvé un canton assez peu soucieux de la moralité politique, pour faire de lui son élu au conseil général, voilà ce qui atterre !

Que les légitimistes du patriciat, les leudes privilégiés du roi, aillent de compagnie avec des cocardiers avoués, voilà ce qui effraie !

Que des *docteurs en Israël* aient placé sur leur barrette, la cocarde franc-maçonique, voilà ce qui glace d'étonnement !

Que la vigilance de l'administration n'ait pas encore eu raison de l'usurpation par un particulier de cette populaire *Font Calvas* si chère aux chasseurs et aux habitants de nos faubourgs du Midi ; que la page cadastrale justifiant la propriété communale tant de fois séculaire de cette source, ait impunément disparu, dit-on, voilà, pour ne signaler qu'un fait local, voilà ce qui motive des plaintes et des réclamations trop peu écoutées.

Que M. Baragnon ait eu, ait encore la main dans les affaires légitimistes du Gard, voilà ce qui renverse !

Vous semblez étonnés ; écoutez plutôt : dans la séance du cercle Central où, à propos d'un entrefilet écrit par M Pieyre, et dans lequel un bureau complaisant prenait thème pour m'exclure de son catalogue, le président s'oublia, au courant de la discussion, jusqu'à prononcer ces mots : « Faisons demander au préfet si l'exclusion doit être prononcée. » Ainsi dans cette équipée, la préfecture dominait le président, M. Baragnon menait le préfet. Pauvre président ! relevé comme il le fut alors pour un octracisme de commande, le voilà hors de son fauteuil, à propos d'un incident sur le drapeau blanc ! Il a donné sa démission, affirment les uns, il sera contraint de la donner, après les élections, déclarent les autres.

Arrêtons-là le tableau des aplatissements et des insuffisances qui ont énervé notre parti à Nimes et dans le Gard. Détournons-nous de ce spectacle affligeant, pour applaudir notre population blanche se déclarant pour un conseil municipal de sa seule religion politique. Il ne s'agit pour elle que d'observer cette règle : être indulgents pour les personnes, mais inflexibles sur les principes.

Va donc, vaillant peuple nimois, toi qui t'élèves contre des torpeurs prolongées et des duplicites que tu détestes, poursuis ta belle tâche commencée ; c'est la foi qui sauve les peuples, non les combinaisons des habiles et des aventuriers. C'est pour la foi, qu'au plus fort des conflagrations, Dieuse manifeste et qu'en un jour tout est sauvé, lorsque tout paraissait perdu. Va, prie, aime ton roi, écarte les cocardiers, pères des communards, et compte sur la récompense par toi méritée. Persévère, tu triompheras, et la moindre des satisfactions de chacun de nous, ne sera pas le pouvoir nous écrier bientôt : « J'étais au nombre de ceux qui n'ont pas adoré les idoles abjectes de l'orléanisme, précurseur de la démagogie ; j'ai été rivé à mon serment de vivre et de mourir fidèle au drapeau blanc, protecteur de Rome catholique et bannière des monarques très-chrétiens. »

Adrien PELADAN.

Le 13 novembre 1874.

Prédictions de la Voyante de Fontet

P.-S. — Les lecteurs de cet opuscule, liront avec l'intérêt qu'elle inspire, la curieuse communication suivante, sur les récentes révélations de la *Voyante de Fontet*. Il y a une véritable connexité entre cette lettre et ma *Retraite du Châtiment*.

MONSIEUR,

Je vous transmets à la hâte quelques notes sur les dernières manifestations de Fontet. Je suis extrêmement occupé et ne puis entrer dans des détails.

Le 23 octobre, la sainte Vierge a dit à Berguille qu'il ne fallait plus cesser de prier, parce que les évènements sont très proches. Elle a demandé des neuvaines, et, en particulier, une neuvaine au Sacré-Cœur, pour diminuer les châtiments. Elle a ajouté : « Je ne comprends pas que les catholiques se laissent mener par les ennemis de Dieu. »

Ces dernières paroles sont une sévère leçon pour les catholiques. Leur conduite en face des machinations de l'impiété est en effet incompréhensible. Elle accuse chez le plus grand nombre, la défaillance de la foi et l'énervement des caractères. Le sensualisme nous enveloppe et nous dormons sur le bord de l'abîme. Quel sera notre réveil !

Le 30 octobre, il y a eu à Fontet beaucoup de monde et beaucoup de dissipation. La sainte Vierge s'est montrée fort mécontente. Son apparition n'a duré que deux ou trois minutes, et elle n'a donné aucune bénédiction. Elle a dit à Berguille qu'elle apparaissait dans ce lieu pour qu'on vînt y prier et non faire des farces.

Le vendredi suivant, 6 novembre, une vingtaine d'hommes, membres de la confrérie du Saint-Sacrement de Bordeaux, sont venus à Fontet, pour réparer les irrévérences commises contre la sainte Vierge et faire amende honorable à la reine des anges. Après le crucifiement, ils se sont mis à genoux dans la chambre de Berguille, et leur président a récité, à haute voix, au nom de tous, un acte d'amende honorable. C'était un touchant spectacle. La divine mère paraissait heureuse. Elle a dit à Berguille qu'elle bénissait et remerciait l'assistance, qu'elle était très-satisfaite des chants et des prières, et surtout des prières des hommes, malheureusement trop rares.

« Aujourd'hui, a-t-elle ajouté, il y a eu beaucoup de grâces accordées, même des grâces de conversion. Il faut continuer à faire des neuvaines et bien prier pour que mon divin Fils éclaire ceux qui sont chargés de vous conduire. Les évènements arriveront, comme je l'ai annoncé avant le 1ᵉʳ janvier. Si Dieu attend jusqu'au dernier moment, c'est pour mieux montrer que c'est lui qui fera tout, et que les hommes n'y seront pour rien. »

Tels sont, en quelques mots, les événements qui se sont produits dans les deux dernières manifestations. Je terminerai en vous faisant connaître cet incident du 30 octobre :

Une personne ayant fait demander si la ville de Paris ne serait pas protégée par l'église du Sacré-Cœur, la sainte Vierge a répondu que cette église n'était pas faite, ni sur le point d'être faite, et qu'elle ne se ferait pas avant que la statue de Voltaire ne fut enlevée.

Caveant consules !

Veuillez agréer, Monsieur, l'expression de mes sentiments bien dévoués.

V. DE PORTETS.

12 novembre.

Nimes. — Imp. Roumieux, boulevart des Calquières, 10.
BALDY-RIFFARD, successeur.